ÉTUDE
SUR
L'ANTHOLOGIE GRECQUE

CE QU'EST L'ANTHOLOGIE
LES TRADUCTEURS ET IMITATEURS
LES ÉDITIONS

PAR

CHARLES DES GUERROIS
MEMBRE RÉSIDANT DE LA SOCIÉTÉ ACADÉMIQUE DE L'AUBE

TROYES
IMPRIMERIE ET LITHOGRAPHIE DUFOUR-BOUQUOT
PAUL NOUEL, Sr
Rue Notre-Dame, 41 et 43
—
1896

In the interest of creating a more extensive selection of rare historical book reprints, we have chosen to reproduce this title even though it may possibly have occasional imperfections such as missing and blurred pages, missing text, poor pictures, markings, dark backgrounds and other reproduction issues beyond our control. Because this work is culturally important, we have made it available as a part of our commitment to protecting, preserving and promoting the world's literature. Thank you for your understanding.

ÉTUDE
SUR
L'ANTHOLOGIE GRECQUE

CE QU'EST L'ANTHOLOGIE

LES TRADUCTEURS ET IMITATEURS — LES ÉDITIONS

I

Sainte-Beuve a consacré deux articles à l'Anthologie grecque[1]. Ces deux articles, comme il était naturel de s'y attendre de la part de celui qui, avant d'écrire une ligne, se demandait toujours : Comment la prendra le public? Comment la goûteront mes lecteurs? sont d'une lecture très facile, très agréable : c'est l'Antiquité mise à la portée des lecteurs de journaux, public, même quand il est choisi, plus exigeant pour son plaisir que pour la science approfondie. La vérité est que le critique parle assez sommairement de l'Anthologie. Le premier de ses deux articles se rapporte presque exclusivement à Léonidas de Tarente ; le second réveille, en la renouvelant, la question des anciens et des modernes, qui a tant occupé la fin du XVIIe siècle et le commencement du XVIIIe. Sainte-Beuve,

---

[1] *Nouveaux Lundis*, t. VII.

avec son esprit merveilleusement compréhensif, ne s'enferme ni dans l'Antiquité, qu'il respecte d'un peu loin, ni dans le monde moderne, dont il admire la grandeur et la puissance inventive. Soyez de votre temps, dit-il à ses contemporains, mais réservez une part de vous-même à cette Antiquité, qui est la première forme et qui a cueilli la première fleur de la vie; admirez si vous pouvez, comprenez du moins; et il termine en ce sens par une très belle page de sens très élevé.

« Je crois, disait-il dans un jour de tristesse intellectuelle, que les choses humaines sont emportées de plus en plus dans un courant qui les sépare à jamais, et par tout un abîme, du goût et de l'esprit littéraire de l'Antiquité, et qu'il n'y aura dans l'avenir qu'une rare élite à laquelle il sera donné de conserver la tradition intacte, de préserver le feu sacré et le flambeau. »

Tâchons, nous aussi, d'être de cette élite, de donner pour notre part un démenti aux prévisions attristées de celui qui a jeté tant de fois un coup d'œil si pénétrant sur les choses de son temps, sur les hommes et les idées de bien des époques. Replongeons-nous en pleine Antiquité, en plein Hellénisme.

J'ai voulu tout d'abord, en rappelant les deux articles de 1866 et en en donnant une idée sommaire, faire comprendre qu'après Sainte-Beuve le champ restait ouvert, et qu'un écrivain pouvait encore parler, non sans convenance, de ce qui n'a été qu'effleuré il y a vingt-cinq ans, un grand quart de siècle.

Et d'abord, qu'est-ce donc que l'Anthologie Grecque?

C'est la collection qui nous a été léguée par l'Antiquité de poèmes généralement très courts, petites pièces lyriques, élégiaques, descriptives, moqueuses quelquefois, mais plus rarement — *les irrisoria* sont bien loin de constituer comme chez nous tout le genre épigramme —, amoureuses, dédicaces de monuments, épitaphes, chansons conviviales, toutes comprises sous le titre générique d'épigrammes. L'épigramme, au sens grec et selon l'Anthologie, n'est donc point ce que nous sommes habitués à désigner sous ce titre, une raillerie plus ou moins spirituelle, plus ou moins méchante, terminée par une pointe plus ou moins aiguisée; du moins ce n'est pas cela exclusivement. L'épigramme au sens moderne, l'épigramme à la façon de Jean-Baptiste Rousseau, de Piron, d'Ecouchard Le Brun, les anciens l'ont aussi, puisqu'il y a dans l'Anthologie toute une section de Σκώπτικα; mais ce genre d'épigrammes ne prend qu'une partie, médiocre en étendue et en importance, du terrain poétique. L'iambe plutôt, Archiloque plutôt que Voltaire.

Toutes ces épigrammes ont en commun l'élégance, le mouvement spontané, et ce merveilleux don d'être complètes dans un petit cadre, d'offrir le sens le plus parfait exprimé par les mots les plus justes, mis dans leur place la plus naturelle. Un critique anglais remarque très bien que ces poètes de l'Anthologie ont les ailes et les proportions minuscules de l'abeille sans en avoir l'aiguillon[1].

Et aussi mistress Hemans, qui n'était pas indigne d'ajouter quelques pièces à l'écrin anthologique transporté par les poètes de son pays, de la Grèce en Angleterre, a dit des épigrammes qui composent le charmant recueil — et ces lignes mêmes ont comme un parfum de la couronne de Méléagre : « Elles me rappellent les vases antiques avec leurs exquises sculptures de feuilles, de fleurs, de joyeuses et dansantes figures[2]. »

Le culte de la grâce, et si je l'ose dire même, le culte du beau s'en va ; il appartient aux amis de l'Antiquité de lui

---

[1] *Selections from the Anthology*, by Graham Tomson, small 12º, p. XIV.

[2] V. *Memorial* de Henry Chorley, t. I, p. 49.

réserver, à ce culte essentiel, une place, si modeste qu'elle soit, dans les aspirations des générations modernes, si entêtées de positivisme, de roman terre à terre, et par cela même si fuyantes, si promptes à disparaître, à s'ensevelir dans l'oubli inexorable. L'Anthologie, présente sur les tables de travail, étudiée, feuilletée du moins quelque fois, peut aider, mieux encore que des monuments bien plus imposants, à la conservation religieuse de ce culte.

L'Anthologie ! Rappelons-nous que Samuel Johnson, le grand lexicographe, l'essayiste ingénieux, le massif critique, vieux, malade, charmait ses nuits sans sommeil par la traduction en vers latins de quelques épigrammes de l'Anthologie Grecque. Il n'a pas tout pris le vieux Johnson, et le trésor reste ouvert aux translateurs de bonne volonté, aux lecteurs assidus comme aux lecteurs d'occasion.

J'ai dit d'une manière générale ce que c'est que l'Anthologie. Mais cette Anthologie, est-ce donc une chose une fois faite, unique, comme le seraient par exemple les *Odaria* d'Anacréon, les Odes de Pindare, les Idylles de Théocrite? Pas le moins du monde; ça été une chose multiple, variable et renouvelée au moins quatre ou cinq fois. Peut-être l'idée est-elle venue de bonne heure de choisir parmi les richesses de la poésie hellénique, de composer, au lendemain même de Périclès, des bouquets, des guirlandes d'élection. Je ne le crois pas pourtant ; ces pensées, où il y a, ce me semble, une certaine mélancolie, la tristesse de sentir les choses humaines envahissantes, fuyantes par cela même par l'impossibilité, à un moment donné, de tout embrasser, ces pensées sont des temps où l'on aperçoit de loin et en se retournant des trésors trop abondants et déjà trop encombrants. Voyez notre xvi° siècle : ce n'est pas en 1550, en 1560, en 1580, au temps de Ronsard, de Des Portes, de Passerat, que l'idée est venue de faire un choix dans les richesses de la Pléiade ; il a fallu pour cela arriver jusqu'à

Fontenelle, jusqu'à la fin du xviie siècle, c'est-à-dire après Malherbe, après Despréaux, quand le xvie siècle était considéré, étrange idée! comme mort, objet de catalogue et de nécrologe. Tant que dure la floraison, on cueille les fleurs, on en jouit, on ne les met pas dans l'herbier — l'herbier fatal.

La première Anthologie n'est donc pas très ancienne; elle ne date que d'un siècle avant notre ère. Elle fut l'œuvre de Méléagre, qui lui donna le nom attrayant de *Couronne:* Στεφάνος.

Méléagre est l'un des plus charmants poètes de l'Anthologie telle que nous la possédons, et, comme cela se pratique, il ne s'était pas donné la moindre et la moins honorable place dans son recueil, qui, malheureusement, a disparu dans le mouvement impétueux du temps. Ce qui nous en est parvenu a traversé les Anthologies postérieures, et par là seulement a survécu. Il est bien regrettable que sa *Couronne* ne se soit pas conservée. J'ai plus confiance aux poètes qu'aux simples compilateurs pour la composition de ces recueils, qui sont avant tout une affaire de goût et de délicatesse.

A Méléagre succède Philippe de Thessalonique, qui vivait du temps de Trajan, un poète encore, mais d'un bien moindre mérite que son prédécesseur. Le nouveau venu tua Méléagre en refaisant l'œuvre, car c'est le sort inévitable de ces recueils de se tuer, de se faire oublier les uns les autres; peut-être aussi ne fit-il que perfectionner le recueil déjà formé, car il y a tout lieu de croire qu'il s'inspira du même esprit que son devancier : au temps de l'un comme au temps de l'autre, on vivait encore dans l'Antiquité; l'époque de Trajan est celle de Pline le Jeune et de Tacite; l'esprit nouveau avait à peine soufflé encore; la fleur n'était point flétrie et conservait sa grâce sur sa tige couronnée de toutes ses feuilles.

Il n'en était plus ainsi au temps d'Agathias le Scholastique, collecteur de la troisième Anthologie. Celui-ci vivait sous Justinien, dont le règne occupe le milieu du sixième siècle et se prolonge encore au-delà, puisque cet empereur n'est mort qu'en 565. Agathias avait déjà vu les Barbares presser de leurs glaives, de leurs mœurs facilement communicatives, l'empire d'Orient; Agathias avait entendu autour de lui retentir et se multiplier les disputes théologiques qui ne devaient plus cesser, ni dans les victoires, ni dans les défaites de l'Empire; il avait vu les luttes du cirque entre les bleus et les verts prendre une importance exagérée, au point de rejeter déjà dans l'ombre les antiques délices de la Muse. Jurisconsulte, il avait assisté peut-être aux séances où Tribonien préparait les Institutes, le Digeste, le Code et les Novelles; un esprit nouveau était né et régnait autour de lui; quelque chose de barbare était dans l'air : Agathias, qui vivait dans le courant nouveau, devait moins qu'un autre résister aux influences nouvelles. Il y céda évidemment en composant son Anthologie, d'où il élimina beaucoup des poètes plus parfaits de l'Antiquité pour admettre des poètes plus rapprochés, atteints déjà des signes de la décadence, et surtout des contemporains; car, alors comme aujourd'hui, c'était une bonne marque, un signe favorable, que la modernité; la « Chronique » était déjà dans Procope; et, sans doute, il y avait à Byzance, dans cette Constantinople qui était la nouvelle Rome, des termes qui répondaient à nos expressions de parisianisme, de boulevard et de boulevardier. Ces temps-là ne sont plus favorables à Alcée, à Anacréon, à Théocrite, à Platon; les Agathias le Scholastique, les Paul le Silentiaire, les Macédonius, les Jean Barbucalle, prennent la place des Mimnerme, des Philodème, des Léonidas de Tarente, des Crinagoras. Les énigmes, les gryphes, les jeux d'esprit et de société obligent à la retraite et au silence les aimables poètes qui puisaient directement leur inspiration dans la nature.

Et pourtant, nous sommes réduits à regretter l'Anthologie d'Agathias, comme nous regrettons celle de Méléagre, celle de Philippe de Thessalonique; nous aurions trouvé encore à nous délecter au banquet servi par le contemporain de Justinien. Le banquet — ce n'est pas sans raison que je me sers de cette expression : Agathias lui-même, dans le Prologue de son Anthologie, qui nous est parvenu et que j'ai traduit pour la première fois en français (ce travail vous a été communiqué autrefois et fait partie des Mémoires de votre Société), Agathias a employé cette image et traité ses lecteurs comme ses convives.

D'Anthologie en Anthologie, avec appauvrissements successifs, nous arrivons à Planude. Méléagre est le premier anneau; Planude, qu'un intervalle de treize siècles sépare du poète de Gadara, car il n'est venu qu'au quatorzième siècle, est le dernier. Dans l'intervalle, au dixième siècle de notre ère, était venu Constantin Céphalas; il avait, lui aussi, compilateur de compilations, mais compilateur intelligent, bien plus intelligent que le moine Planude, composé son Anthologie : c'est celle qui, longtemps inconnue, fut déterrée par Saumaise, à Heidelberg, dans la Bibliothèque Palatine; qui, copiée plus ou moins complètement (je parlerai de cela plus tard), a couru, pendant deux siècles, les cabinets des François Guyet, des La Monnoye, des Bouhier, des Lantin, toujours en manuscrit, et qui, enfin, a été rendue au monde savant, en 1776, par l'érudit Brunck, digne, par ce service rendu aux lettres anciennes, d'une éternelle reconnaissance.

Saumaise, Bourguignon; Brunck, Alsacien : la France, toujours la France, en érudition comme en art, comme en gloire militaire. Saumaise, Brunck, je rapproche avec intention ces deux noms : les titres du dix-huitième siècle n'effacent pas ceux du dix-septième commençant. C'est en 1616, en effet, que Claude de Saumaise, âgé alors de dix-huit ans, dans toute la fougue de son ardente nature, remuant, fouillant, collationnant, copiant les manuscrits, découvrit l'original (c'est un original pour nous) de l'Anthologie de Constantin Céphalas, ce précieux manuscrit qui dormait depuis des siècles dans la poussière : Heidelberg, de là le nom consacré d'Anthologie Palatine. On croit, du reste, on dit, on répète, que Saumaise avait *transcrit* le manuscrit palatin. Transcrit, non; il avait avec lui, il tenait constamment sous ses yeux l'Anthologie de Planude, édition Wechel, et, lisant avec soin le manuscrit palatin, il notait comme retrouvées dans Céphalas les épigrammes adoptées par Planude, en marquant soigneusement les différences de textes et de leçons de ces épigrammes communes aux deux collecteurs; quant aux épigrammes qui, rejetées par Planude, étaient seulement dans le manuscrit palatin, il les transcrivait avec soin sur des cahiers particuliers. Edition annotée et transcriptions partielles, cela ne formait pas une copie proprement dite, mais cela offrait les éléments d'une future édition complète. Saumaise espérait la faire, cette édition; il la promettait toute sa vie; mais, empêché par d'autres travaux, plus tard abîmé dans la controverse avec Milton, controverse funeste qui prit tous ses loisirs à l'un et coûta la vue à l'autre, Saumaise dut différer d'année en année l'édition promise; il donna, par-ci par-là, dans les éditions d'ouvrages qu'il publiait, des notes, des épigrammes; mais il ne put jamais se remettre au travail immense que nécessitait ce grand projet : *Pendent opera interrupta,* put-il dire tout le reste de sa vie, avec un irrémédiable chagrin. Avec un chagrin plus poignant encore peut-être, pourra en dire autant un autre savant, épris de l'Anthologie, qui avait amoureusement caressé toute sa vie un semblable projet, Chardon de la Rochette. Etrange fortune des livres! Maxime Planude, ce moine du quatorzième siècle qui avait gâté, mutilé, interpolé, expurgé, sous le prétexte de décence, l'Anthologie de Céphalas, Maxime Planude, dès le quinzième siècle, eut pour son recueil l'honneur de l'impression ; il trouva dans Jean Lascaris un illustre éditeur. Constantinople était tombée en 1453 ; ses exilés, ses proscrits s'étaient répandus dans l'Europe consternée, en Italie principalement, emportant de grandes choses : la science, les lettres grecques, confiant à l'Occident ce dépôt sacré. Or, dès 1494, c'est-à-dire quarante-et-un ans après la chute de Byzance, Lascaris faisait imprimer, à Florence, l'Anthologie de Planude par Laurent-François de Alopa, vénitien : c'est la célèbre édition en lettres onciales.

Peut-être en des temps plus heureux l'exilé Lascaris avait-il connu l'Anthologie de Céphalas : c'est une simple conjecture que je forme et qui n'a rien d'invraisemblable. En tout cas, il n'avait pas eu à sa disposition, il n'avait pas pu emporter dans ses mains tremblantes le manuscrit du recueil cent fois préférable. Il avait dû se contenter de sauver, de donner à notre monde occidental l'Anthologie de Planude. Soyons à jamais reconnaissants de ce présent à Lascaris, et qu'un peu de cette reconnaissance remonte jusqu'à Maxime Planude que les savants accablent, ce me semble, un peu trop de leur mépris. Chardon de la Rochette, entre autres, en veut beaucoup à ce Planude et il ne le ménage pas. Planude était moine ; c'est un tort, je le veux, et Chardon de la Rochette, qui écrivait au moment ou au lendemain de la Révolution, a bien de la peine à le lui pardonner. L'indulgence nous est plus facile cent ans après la Révolution. Planude a mutilé l'Anthologie qu'il trouvait vivante et florissante dans les pages de Constantin Céphalas : je le veux encore et le reproche est indéniable ; il l'a mutilée, mais il l'a conservée, c'est ce que nous ne devons pas perdre de vue. Deux siècles ont vécu sur cette Anthologie telle qu'il l'a constituée. Laissons, si on veut, de côté, le premier siècle de son existence en manuscrit, et accordons que, pendant ce temps, elle n'est pas sortie de l'obscurité du couvent où son rédacteur l'avait enfermée. Ne la prenons qu'à partir du jour à jamais mémorable où Jean Lascaris donne à Florence son édition en lettres onciales — un monument typographique, pour le dire en passant. C'était en 1494 : de 1494 à 1616, date de la découverte par Saumaise à Heidelberg du manuscrit de Céphalas, il s'est écoulé cent vingt-deux ans; dans ces cent vingt-deux années fécondes, années prodigieuses de mouvement d'esprit, de hardiesses intellectuelles, se placent les merveilles de la Renaissance. En France, pour ne pas sortir de notre pays et du domaine de la poésie, les maîtres et les disciples sont à l'œuvre ; les poètes de la Pléiade créent leurs chefs-d'œuvre, ces chefs-d'œuvre que doit un jour anathématiser, excommunier Boileau; Ronsard chante : *Mignonne, allons voir si la rose;* du Bellay dit le sonnet du *Petit Liré,* son invocation d'un Vanneur aux Vents : *A vous, troupe légère ;* Remi Belleau compose son délicieux chef-d'œuvre, son *Avril;* Vauquelin de la Fresnaye dit la Fleur d'été de Leucothée et le sonnet : *O vent plaisant,* ses charmantes *Idyllies ;* Des Portes compose son bouquet de sonnets, encore odorants aujourd'hui, sa petite pièce charmante : *Rozette, pour un peu d'absence,* son incomparable épigramme : *Je t'apporte, ô Sommeil, du vin de quatre années,* son invective *Contre une nuit trop claire;* Passerat, son ode adorable : *Laissons le lit et le sommeil, cette journée — Aimons, Mignonne — Contentons notre ardent désir — En ce monde — N'a du plaisir, qui ne s'en donne;* Bertaut, ses *Muses* superbes : *Au temps que les mortels craignoient les Déités ;* Jean de la Taille écrit sa strophe délicieuse :

> Elle est comme la rose franche
> Qu'un jeune pasteur par oubli
> Laisse flétrir dessus la branche,
> Sans se parer d'elle au dimanche,
> Sans jouir du bouton cueilli.

Amadis Jamyn son Ode, en tête des Amours d'Oriane :

> La nuit tendoit sa couverture noire,
> Tous les oiseaux se taisoient dans les bois.

et son doux sonnet :

> Voy ce beau mois plein de doulces odeurs,
> Où les forêts, les plaines et les fleuves,
> Tertres et monts vestus de robes neuves
> Parent leur sein d'un million de fleurs.
> (*Amours d'Oriane.*)

L'Anthologie, évidemment, a passé par tout cela, comme Anacréon, comme Bion et Moschus, comme Sapho, comme Théocrite. Or, qui dira tout ce que l'étude de l'Anthologie a inspiré de poésie sincère, infusé de grâce délicate dans leurs œuvres qui étaient le meilleur de leur vie, comme cela doit être pour tout vrai poète ? Supposez que Maxime Planude n'eût pas occupé les loisirs de sa cellule à remanier l'Anthologie de Céphalas, supposez que Jean Lascaris ne l'eût pas publiée, cette Anthologie de Planude, telle quelle, à la fin du xv° siècle, qu'il eût fallu pour commencer à jouir de l'Anthologie de Céphalas (les savants encore plus que les poètes) attendre le voyage de Saumaise à Heidelberg, en 1616, quel vide dans notre poésie du xvi° siècle ! Combien de délicieuses odes, odelettes, élégies et sonnets à regretter ! — Ce n'est point au hasard que je parle du sonnet à propos de l'Anthologie : un critique anglais, Kett, cité par Southey dans le *Common-Place Book*, t. IV, p. 258, a fort bien remarqué la ressemblance qui existe manifestement entre le sonnet, mélange de sentiment et de grâce, et l'épigramme des Grecs.

Le branle donc a été donné par Lascaris ; il ne s'arrêtera plus désormais. Les éditions de l'Anthologie vont se succéder et se multiplier. Neuf ans après l'édition princeps de Jean Lascaris, en 1503, vient la première et rarissime édition des Aldes, suivie de deux autres des mêmes presses. Plusieurs éditions, dans le cours du seizième siècle, répètent, sous le nom de *Florilegium*, l'édition des Aldes. En 1566 vient l'édition d'Henri Estienne, en un volume petit in-folio, fort commode, fort bien imprimée, avec une courte préface d'une page, qui ne contient rien de bien saillant, si ce n'est une vive attaque venant à propos de quoi ? contre Palladas : Henri Estienne le met au nombre des *ineptissimi*, et il reproche à Erasme, qui a loué ce poète, son manque de jugement; là où Palladas n'est pas inepte, dit le très rigoureux imprimeur helléniste, il est voleur. On n'était pas poli au seizième siècle. C'est au dix-neuvième siècle, apparemment, qu'il fallait venir pour trouver des échantillons exquis de politesse, surtout dans les journaux.

Un détail piquant et même deux, par rapport à cette édition de 1566, donnée par Henri Estienne. Premièrement : Il se proposait de faire des annotations copieuses, et il n'a donné que des notules : pourquoi? C'est que le papier lui a manqué; dans cette pénurie, il a préféré ne pas interrompre son Sophocle qui était en train et sacrifier de simples annotations : de deux maux, il a choisi le moindre.

Secondement : Après avoir traduit en entier une épigramme d'Agathias, *six* vers latins pour *six* vers grecs, il s'amuse à donner du dernier distique de cette épigramme, *cinquante* traductions, toutes différentes les unes des autres, le tout, *ad accendendum juvenum studium*. Singulière façon d'exciter le zèle de la jeunesse! On croirait plutôt qu'il y a là de quoi rebuter les plus studieux. Mais les idées changent d'un siècle à un autre : ce qui était gentillesse au seizième siècle serait pédanterie insupportable au nôtre.

Au reste, cette édition d'Henri Estienne, un petit in-folio très maniable, est fort belle, imprimée en beaux et lisibles caractères, très suffisante pour ceux qui, ne faisant pas compte de l'Anthologie de Céphalas, se tiendraient à l'Anthologie de Planude.

En 1549, Jean Brodeau avait donné, in-folio, une édition

à Bâle ; cinquante-et-un ans après, en 1600, elle reparaît à Francfort, par les soins de Vincent Obsopeus. Cette édition du chanoine tourangeau, Jean Brodeau, et de Vincent Obsopeus, contenant les notes et commentaires de ces deux savants hommes, est fort estimée. Joseph Scaliger, qui ne prodiguait pas son estime, en faisait grand cas. Elle forme un volume in-folio.

1600. Saumaise n'est pas loin.

J'ai signalé les éditions à l'usage des savants, des hommes d'étude. Les éditeurs, on doit bien le supposer, n'avaient pas négligé les écoles. De bonne heure, on avait travaillé pour les écoliers ; on avait arrangé l'Anthologie à leur usage. C'était bien ; il appartenait à des maîtres intelligents de mettre sous les yeux d'une jeunesse laborieuse — et pas surmenée — ces courts poèmes, d'un charme si pénétrant, et qui offraient à des professeurs instruits l'occasion de donner à leurs élèves tant et de si diverses leçons sur l'histoire, sur les mœurs, sur la géographie, sur les arts et les sciences même des temps anciens où ils les faisaient pénétrer. Dès 1525 (de cette année est datée la préface de Jean Soter : *Coloniæ Agrippinæ, ex Officina nostra Chalcographa*), les abréviateurs se mettaient à l'œuvre et choisissaient les fleurs à leur goût les plus charmantes du bouquet planudéen. Il ne réussissait pas mal, ce Jean Soter, un de ces imprimeurs érudits comme la Renaissance en compte beaucoup. Son volume, ne fût-ce que pour l'abondance des traductions latines (en vers, de plusieurs mains), conserve un certain prix. Possesseur du Grotius, du Jacobs, du Dübner et du Dehèque, je fais encore mes délices du petit volume de ce docte imprimeur de 1525 — la date de mon volume, 1544, Fribourg en Brisgau, n'indique qu'une réimpression de l'ouvrage qui avait fait son chemin dans les écoles, peut-être aussi en dehors des écoles ; car le prix des éditions encore rares de l'Anthologie complète était élevé et restait lourd pour la bourse des savants. Je lui sais gré, à ce modeste imprimeur, d'avoir compris la valeur de l'Anthologie et d'en avoir fort bien parlé dans son épître au lecteur : *Johannes Soter Lectori...* « Le hasard, dit-il, m'ayant fait tomber naguère sur le recueil des épigrammes grecs, je pus me convaincre de la vérité de ce mot d'Horace : « Aux Grecs, la Muse a donné le génie, aux Grecs le don du parler éloquent ». Ce livre, en effet, continue Soter, offre une telle variété d'érudition, un art si consommé, que vous croiriez que toutes les Muses y ont à l'envi versé leurs trésors. Vous y trouvez avec l'élégance de diction un merveilleux agrément de sujets toujours nouveaux, d'érudition diversifiée : telle de ces épigrammes illustre l'histoire, telle autre une fable mythologique, telle encore vous présente un apologue, un proverbe, une belle sentence, un éloge bien déduit (à ce genre appartiennent les épigrammes sépulcrales) ; ailleurs, vient la petite pièce armée de l'aiguillon. Et toujours le sujet choisi est traité avec un extrême bonheur, avec une grande brièveté : souvent, un distique y suffit, ou du moins l'épigramme ne s'étend pas beaucoup au-delà de ces limites heureuses ».

De là, Soter passe à l'éloge des poètes latins dont il a reproduit les traductions rapprochées de son texte grec, et, en effet, il y en a beaucoup de fort agréables. Jérôme de Bosch qui, volontiers, les offre en sacrifice à son cher Grotius (son idole naturellement, puisqu'il l'a mis au jour), a été un peu injuste à leur égard.

A la suite du volume de Soter se place un autre choix anthologique fait pour le Collège des Jésuites de la Flèche. Ce recueil, précédé d'une petite préface conçue dans le style le plus fleuri, est un assez bon choix emprunté aux six premiers livres de l'Anthologie : les prudents Pères instructeurs se sont tenus à l'écart du septième, consacré aux poésies amoureuses.

Frédéric Jacobs, dans son excellent *Delectus*, 1826, un

volume in-8°, moins timide que les maîtres de la Flèche, n'a pas eu peur de mettre sous les yeux de la jeunesse, à qui surtout son livre est destiné, un certain nombre de ces épigrammes amoureuses : il en a donné jusqu'à 108, très bien choisies ; et on ne peut que lui en savoir gré : l'amour, comme la mort, est une page de la nature humaine. Il est vrai que Jacobs avait en vue, encore plus que la population des gymnases (nos lycées et collèges), la jeunesse des universités, c'est-à-dire des hommes, et à ceux-là on peut dire tout, ou presque tout.

Jacobs, dans la Préface de son *Delectus*, n'a pas mentionné, je ne sais pourquoi, une autre christomathie anthologique qui avait été donnée vingt-sept ans avant son choix à lui, par Jean-Arnold Kanne, son compatriote, et qui forme également un volume in-8°. Ce volume, publié à Hall en 1799, et qui est précédé d'une préface en latin — allemand, — c'est tout dire, — contient 815 épigrammes grecques, et, à la suite, un nombre assez considérable d'épigrammes latines, traductions des précédentes, empruntées à Grotius. Ce recueil est assez commode et ne méritait pas un oubli dédaigneux.

Avant le *Delectus* de Jacobs, qui a été comme le couronnement précieux de ses travaux, deux autres choix encore avaient paru en Allemagne : celui de Zimmermann, Francofurti, 1808, in-8°, fait sur la première édition complète de Jacobs lui-même, et celui de Weichart, Misenæ, 1823, emprunté à la seconde.

Il faut avoir l'édition complète de Frédéric Jacobs ; mais si on trouve que les proportions en sont trop vastes, c'est au *Delectus* de 1826 qu'il faut se tenir ; avec ce livre, on a certainement la fleur, facilement respirée. L'auteur, comme il a soin de nous l'apprendre lui-même, a voulu offrir, sous un volume abordable et dans les plus belles épigrammes, celles aussi dont le texte est le mieux établi, un tableau en petit de la vie des anciens ; et il rappelle, à ce propos, qu'il avait déjà réalisé cette idée — pour ses compatriotes du moins — dans un livre où il a traduit, en allemand, un grand nombre des épigrammes de l'Anthologie ; ce volume, distribué en douze livres : *Leben und Kunst der Alten,* a paru à Gotha, en 1824 ; c'est le deuxième volume des *Ecrits mêlés* de l'auteur.

Je dirai, en passant, que Jacobs (*Delectus,* p. XXXIX) fait une charge à fond contre l'édition Tauchnitz, qui a paru à Leipzig en trois volumes in-16, stéréotypés, c'est-à-dire immobilisés, où par conséquent l'éditeur s'est ôté le droit de corriger là même où la nécessité d'une correction se fait le plus vivement sentir. Jacobs signale, en effet, en les indiquant par le menu, un grand nombre de fautes graves. Comme cette édition, très bon marché, est très répandue, j'ai cru devoir prémunir ceux qui seraient tentés de l'acheter contre une confiance peu justifiée.

Reprenons la suite des grands travaux qui ont été faits ou projetés sur l'Anthologie grecque.

On trouve, dans le VII° volume de la *Bibliothèque choisie* de Jean le Clerc (1706), un article qu'il est intéressant de consulter. Il y est annoncé un projet d'édition de l'Anthologie de *Céphalas,* avec la traduction de Grotius. Comme Grotius n'avait traduit que sur Planude, on devait suppléer pour les épigrammes qui ne se trouvaient pas dans ce dernier. Pour ne pas entreprendre une lutte impossible avec l'élégante plume du grand Hollandais, cette traduction des nouvelles épigrammes devait simplement être en prose. L'auteur du projet n'est pas nommé. Ce n'est pas Saumaise, mort depuis cinquante-trois ans ; ce n'est pas Longepierre, peu disposé à un travail si énorme ; ce n'est pas Daniel Huet, qui ne fait çà et là sur l'Anthologie que des notes accidentelles, et qui d'ailleurs vieillit ; ce n'est pas Jérôme de Bosch, qui n'est pas né ; ce n'est pas La Monnoye, bien vieux alors ; ce n'est pas non plus le président Bouhier, qui n'a fait que des travaux partiels sur l'Anthologie ; ne serait-ce pas Jean le Clerc lui-même? Je hasarde cette conjecture, sans aucune donnée autre que le grand talent philologique du célèbre critique, manifesté dans les quatre-vingt-dix volumes de sa *Bibliothèque universelle,* de sa *Bibliothèque choisie* et de sa *Bibliothèque ancienne et moderne,* trois excellentes *Revues,* sans compter ses autres nombreux et savants ouvrages. Quoi qu'il en soit, formé par Jean le Clerc ou par un autre, le projet, très bien conçu, devait rester sans exécution ; l'Anthologie Palatine allait continuer de dormir dans le manuscrit de Heidelberg et dans les copies qu'en faisaient, d'après les éléments rassemblés et libéralement communiqués par Saumaise, les curieux de Paris.

Une de ces copies, et non des moins connues, est celle qu'avait faite à son usage François Guyet, un savant du dix-septième siècle ; cette copie, après des fortunes diverses, était entrée dans la Bibliothèque du Roi, et elle a fait l'objet d'un mémoire de Boivin le Cadet, inséré au tome 2ᵉ du Recueil de l'Académie des Inscriptions. Quelle confiance méritait cette copie hâtive? On peut l'estimer par ce fait que François Guyet, transcrivant les documents mis à sa disposition par Saumaise, avait tourné deux feuillets à la fois : la dernière épigramme du premier feuillet se terminait par les derniers vers d'une épigramme dont on n'avait pas le commencement ; jugez du sens et de l'effet. Il semble donc que ce ne soit pas sans raison que Chardon de la Rochette ait pu dire : « Je ne connais que deux copies entières de ce manuscrit unique (celui d'Heidelberg) : celle que le duc de Saxe-Gotha a achetée des héritiers de Spaletti, et celle que je possède ; tous les autres manuscrits ne sont que des extraits plus ou moins étendus du manuscrit palatin [1] ».

Il y eut, au dix-huitième siècle, quelques essais de

---

[1] *Mélanges,* t. I, p. 233.

publication partielle qui, à vrai dire, n'allèrent pas bien loin. Tout le monde fait honneur à Frédéric Jacobs (ou mieux encore à Brunck) de la publication de l'Anthologie de Céphalas; c'est juste, mais pas tout à fait juste : une partie de cet honneur revient au très laborieux érudit et médecin J.-J. Reiske, qui a publié tout au moins deux livres de cette Anthologie : les *Dedicatoria* et les *Sepulchralia;* trois livres, si l'on y ajoute celui qui avait été publié antérieurement par Jensen, avec peu de soin et peu de science, dit Reiske. Reiske y a mis plus de science et plus de soin. Avec le texte des épigrammes, il a donné une traduction latine en prose et des notices sur les poètes, ainsi que des commentaires. Le livre est de 1754, un volume in-12. Il fut repris en 1766 et publié à nouveau à Oxford par Thomas Warton, qui ajouta à l'ouvrage une élégante préface latine (Oxon, 1766, in-8°).

Enfin, Brunck, dès longtemps passionné pour l'Anthologie, vint et résolut de publier en entier le recueil de Céphalas. Il s'y mit avec l'ardeur et la vivacité de son tempérament. Ne pouvant aller à Rome où le manuscrit était depuis la Guerre de Trente Ans, il mit à profit les copies plus ou moins bonnes, plus ou moins imparfaites qu'il put consulter, et il établit enfin le texte de ses *Analecta*, publiés en 1776 en trois volumes in-4° et in-8°. Le savant, qui comptait n'employer que deux ans à ce grand travail, se trouva entraîné finalement à y consacrer six longues années. Mille soucis s'étaient produits dans l'intervalle pour retarder l'achèvement de ce travail considérable : le moindre ne fut pas l'incendie de sa maison, qui l'obligea d'aller prendre logis, pendant six mois, chez un ami. Il ne paraît pas, du reste, qu'il ait perdu, dans cet incendie, ni ses livres, ni les matériaux de son travail; du moins, il ne s'en plaint pas. Il se loue beaucoup, au contraire, du zèle avec lequel ses voisins s'empressèrent à sauver son mobilier. (*Analecta*, t. I, Præf.)

L'ouvrage parut enfin. Même après tant d'éditions de l'Anthologie de Planude, c'était une révélation, et elle ne fut pas perdue pour les poètes dignes de ce nom : André Chénier en a profité largement : ses élégies, ses idylles, sont à toutes les pages des traductions, des imitations de passages habilement entremêlés et fondus ensemble comme divers métaux précieux, de Théocrite, de Méléagre, de Léonidas de Tarente, de tous les poètes les plus charmants de l'Anthologie.

Frédéric Jacobs, tout en reconnaissant à quel point notre Brunck a bien mérité des savants, lui fait de justes reproches : « Qu'il me suffise, dit le critique allemand, de remarquer ceci : le très ingénieux éditeur n'ayant pas sous les yeux les leçons du manuscrit Palatin-Vatican, et n'ayant pas l'occasion de les aller vérifier sur place, a été réduit en mille endroits à adopter comme bonnes les conjectures fausses ou mal venues de Saumaise et d'autres ; lui-même, rencontrant des passages évidemment corrompus, ne s'est pas gêné, à la façon d'un Bentley, pour introduire dans le texte ses propres corrections « violentes et téméraires », ou au contraire d'un abord facile, mais qui, n'étant appuyées sur rien que sur la fantaisie personnelle, n'en sont pas moins injustifiables. La fidélité n'est pas toujours la facilité, comme le fait remarquer le critique de Gotha ; bien des passages qui paraissent obscurs dans le texte, tel que lui-même l'a constitué dans sa seconde et définitive édition (celle de 1813-1817), sont très clairs, trop clairs dans Brunck : c'est que Brunck, de son autorité, a rempli des lacunes, corrigé des passages en ne suivant que son idée propre. Aussi, ceux qui s'inquiètent moins de la fidélité absolue que des chemins aplanis et du plaisir de la lecture, sachant d'ailleurs qu'ils ont affaire à un bon esprit qui ne s'amusera pas à leurs dépens, devront s'adresser à Brunck de préférence — et j'avoue que je suis un peu de ceux-là : religieux, mais non superstitieux aux textes antiques : que m'importe un texte barbare dont je ne puis rien faire ? Loin de le maudire, je bénirais celui qui, par de sages conjectures, en suivant le cours de la pensée, là où Eschyle et Aristophane sont inintelligibles et me forcent à jeter le livre de dépit, me rétablirait le texte comme l'auraient pu faire ces grands esprits eux-mêmes, et par quelques syllabes, quelques mots habilement insérés ou substitués, me rendrait facile la lecture de ces divines choses, là où elles se présentent avec une physionomie rébarbative. Je n'ignore pas que cela est sujet à bien des abus, et qu'à laisser au premier venu la bride sur le cou, on pourrait aller loin. Mais aussi ce que nous permettrions à un Brunck, à un Boissonade, à un Rossignol ou à un Dübner, nous ne l'accorderions pas à tel autre, et nous aurions toujours le droit de nous détourner de ceux en qui nous n'aurions pas confiance.

Voilà comment une théorie qui peut paraître hasardée et imprudente se tempère d'elle-même. Et voilà pourquoi une gratitude d'affection, telle qu'a dû la ressentir, telle que l'a connue certainement André Chénier, se portera toujours sur le nom respecté de Brunck.

Le public de la fin du xviii° siècle fut si parfaitement de l'avis que j'ose exprimer ici, que les *Analecta* se trouvèrent épuisés en quelques années, et qu'un cri s'éleva de toutes parts pour réclamer une nouvelle édition. Il aurait appartenu légitimement à Brunck lui-même de la donner; mais de grands et redoutables événements étaient survenus : Brunck avait vu sa fortune compromise par la Révolution ; il avait même été incarcéré; il se vit à un moment, chagrin plus poignant encore, forcé de vendre ses livres pour du pain. Le découragement l'avait pris et il s'était détourné de la littérature grecque, de cette étude qui avait été son bonheur. Bref, toute espérance était perdue que le savant strasbourgeois donnât jamais une nouvelle édition de ses *Analecta*.

Quand les choses furent à ce point, Frédéric Jacobs, pour répondre au besoin du public ami des études grecques, fort d'ailleurs de la bonne volonté, sinon du concours actif de Brunck, reprit la tâche à son propre compte. Il aurait bien voulu dès lors réparer le texte, reproduire dans sa teneur et son plan l'Anthologie Palatine; mais, comme ses observations critiques, *Animadversiones,* dès longtemps recueillies et rédigées, se rapportaient aux *Analecta* et n'auraient plus répondu à rien si le texte eût été bouleversé ou changé, il se borna à reproduire le recueil tel que Brunck lui-même l'avait donné (1794). Cette nouvelle édition, avec le volume de supplément qu'il y joignit, forma cinq tomes auxquels vinrent s'ajouter huit volumes d'*Animadversiones:* cet ensemble de treize volumes est encore recherché aujourd'hui. Mais le professeur de Gotha n'était pas satisfait; le manuscrit Palatin, transporté à Paris en 1797, à la suite du traité de Tolentino, était devenu plus accessible à tous. Les savants affluaient à Paris, se donnaient rendez-vous à la Bibliothèque Nationale: on voulait voir, toucher le célèbre manuscrit qui avait subi tant de vicissitudes et qui n'était pas, hélas! à la dernière. On se racontait une anecdote curieuse qui nous a été transmise par un contemporain, Chardon de la Rochette. Elle est relative à l'exécution du traité de Tolentino. Ce traité, si glorieux pour la France, nous attribuait un certain nombre d'ouvrages manuscrits, dans lesquels était compris le manuscrit Palatin. Ici je laisse parler Chardon de la Rochette : « Le pape, dit ce savant (*Mélanges,* t. I, p. 289, note sur la page 233), était si jaloux de conserver ce manuscrit, qu'il le fit porter à Terracine avec ses bijoux les plus précieux; mais les commissaires le firent rapporter, et, s'apercevant qu'il avait été relié à neuf et que l'Anacréon en avait été détaché, ils firent rapporter aussi l'Anacréon, et ces deux parties ne furent comptées que pour un seul manuscrit. » Voilà pour la sortie du Vatican ; mais nous avons aussi l'entrée, ou du moins les préliminaires de l'entrée, et cela offre aussi quelque curiosité. Je veux parler de la lettre que Léo Allatius, chargé par le pape d'aller prendre possession à Heidelberg du précieux cadeau que Maximilien de Bavière faisait du manuscrit de Céphalas au Souverain pontife, écrivait du Palatinat à l'archevêque de Bruxelles (Heidelberg, 3 février 1623). Le pauvre savant, qui avait à transporter toute une bibliothèque, dut se débattre fort et ferme avec les voituriers qui demandaient des sommes énormes, plus, disait-il, que ne valent les voitures, les chevaux et le voiturier avec.

Cette curieuse lettre est conservée à la bibliothèque de Carpentras avec la correspondance de Peiresc.

Voilà donc le manuscrit à Paris (pour dix-huit ans seulement, dans dix-huit ans il fera un nouveau voyage) et, de jour en jour, le désir devient plus pressant de le voir entrer dans la circulation savante par une publication sincère et complète. Les yeux se tournaient, pleins de sollicitations, vers le savant allemand de qui on l'attendait. Dix-neuf ans s'écoulèrent avant que Jacobs pût répondre au vœu du public et réaliser son propre désir.

L'édition nouvelle, si impatiemment attendue, parut de 1813 à 1817 : elle forme trois forts volumes in-8° où sont reproduits et améliorés les commentaires d'autrefois.

Cette édition définitive a-t-elle été faite sur le manuscrit même qui était redevenu ou qui allait redevenir le manuscrit Palatin ? Car il allait retourner à Heidelberg à la suite de nos désastres. Non; le professeur de Gotha se trouvait retenu en Allemagne par ses devoirs; mais cela devenait à peu près indifférent au consciencieux éditeur par suite d'une circonstance nouvelle.

Le duc Ernest de Saxe-Gotha avait acquis des héritiers de Joseph Spaletti la copie du manuscrit faite par ce savant, et Jacobs se trouvait en présence de cette admirable copie qui, suivant l'expression de Jérôme de Bosch, était plutôt un décalque qu'une transcription, *depictum magis quam transcriptum,* le copiste ayant toujours la loupe en main pour examiner les moindres détails. Cela, cependant, ne suffit pas encore à Jacobs : il ne fut content et ne se trouva suffisamment muni que quand le savant Uhden, ministre de Prusse à Rome et ami du professeur de Gotha, eut pris la peine de comparer sur place[1] la copie avec le manuscrit même, et de noter en marge, là où certains traits de l'écriture lui paraissaient obscurs, la manière dont à son gré on devait les lire. Il en résulta, comme le fait observer Jacobs, que cette copie pouvait être regardée comme le manuscrit même transporté à Gotha[2]. L'éditeur ne s'est pourtant pas astreint, et il faut l'en applaudir, à une fidélité si scrupuleuse qu'il n'ait fait disparaître les fautes qu'il y aurait eu, suivant son expression, « stupidité » à conserver.

Il est résulté de ce travail une très bonne édition, à laquelle il ne manque, pour être un secours complet aux amis de la littérature grecque, qu'une traduction latine bien faite.

Patience, ce vœu sera satisfait chez nous par Dübner.

Il l'était du reste déjà en partie par la publication de la traduction en vers de Hugo Grotius. Cette publication avait pris place dans l'intervalle des deux éditions de Jacobs, par les soins du hollandais Jérôme de Bosch.

Cette édition forme cinq magnifiques volumes in-4°. C'est un monument, l'honneur des bibliothèques qui la possèdent. Papier sonore (je parle surtout du grand papier

---

[1] Une difficulté se présente ici, qui ne m'a pas échappé. Depuis 1797, le manuscrit Palatin a quitté Rome pour venir à Paris ; comment le ministre de Prusse à Rome l'aurait-il consulté au Vatican ? Mais remarquez, je vous prie, que c'est dès 1794 que Jacobs a formé le projet d'éditer plus exactement le manuscrit de Céphalas ; dès lors, il s'est écoulé encore trois années pendant lesquels la collation Uhden a pu se faire à Rome : la difficulté disparaît.

[2] Édition de 1813, t. I, p. 15.

de Hollande), belle impression, format superbe, tout y est, sans compter le soin diligent, la science excellente de l'éditeur.

La traduction de Grotius, depuis la mort du grand hollandais, dormait en manuscrit et avait plus d'une fois couru fortune de se perdre. Jérôme de Bosch avait dû faire en Hollande, en France, en Angleterre, bien des démarches pour rattraper, non pas le manuscrit même de Grotius — il semble être irrévocablement perdu —, mais une bonne copie équivalente au manuscrit. Cette copie, il finit par mettre la main dessus; il n'eut plus dès lors, jusqu'au sein des fonctions publiques importantes qu'il occupait et remplissait consciencieusement dans sa patrie, qu'une seule pensée : faire part au public de ce trésor de si grande valeur. Parlant de la fidélité avec laquelle il s'est acquitté de ce qu'il a toujours regardé comme un devoir, il dit, avec une certaine naïveté qui ne déplaît pas, dans l'épître adressée à Heyne, qui est en tête du second volume de l'ouvrage : « Ce dessein m'était toujours présent et je m'y confirmais chaque jour par la lecture de la version de Grotius, par la comparaison assidue que je faisais du grec avec les vers latins, et il me semblait que j'aurais péché contre le bien public si j'avais apporté quelque négligence à cette tâche. »

L'excellent de Bosch va un peu loin, cependant, quand il fait du don de traduire à la façon de Grotius une des merveilles de l'esprit humain; emporté par son enthousiasme croissant, il irait même jusqu'à penser ou dire que l'imitation des Grecs par Térence, par l'auteur des *Odes*, des *Satires* et de *l'Art poétique* n'est qu'un mérite secondaire à côté de ce mérite supérieur.

L'ouvrage tel que nous l'a donné le dévoué, quoique un peu trop enthousiaste Jérôme de Bosch, est digne du pays où Descartes a médité, où Bayle a écrit, où Jean Le Clerc a réalisé ses conceptions critiques, du pays que Grotius a illustré. L'éditeur soigneux, qui donnait à ce travail de prédilection toutes les heures que lui laissaient ses devoirs publics, s'est efforcé de mettre au jour un bon texte de l'Anthologie de Planude, additionné de quatre suppléments ou « Mantisses », *Mantissæ,* comme il les appelle ; il y a joint les notes de divers savants, entre autres celles de Daniel Huet ; il a traduit enfin quelques épigrammes, celles que Grotius n'avait pas mises en latin. On retrouve ces épigrammes de Jérôme de Bosch dans ses *Poemata,* un superbe volume grand in-4°, 1803, p. 325-48 ; j'y remarque notamment le poème *Sur les Bains,* de Paul le Silentiaire.

Je ne parle pas d'un poème « Au génie de Grotius », composé par le poète latin-hollandais ; les vers n'en manquent pourtant pas d'élégance, et le hollandais ne s'est pas plus que de raison transfusé dans ce latin savamment élaboré. Les curieux le trouveront (c'est comme la façade du monument) en tête du t. Ier de l'Anthologie ou dans le volume des *Poemata,* p. 147.

Pendant que Frédéric Jacobs en Allemagne, Jérôme de Bosch en Hollande, poursuivaient leurs travaux, un autre savant, leur égal, leur supérieur peut-être en érudition, mais non pas en bonheur, ne demeurait pas inactif en France. Chardon de la Rochette, de tout temps passionné pour l'Anthologie, avait passé une partie de sa vie à ramasser des matériaux pour une édition, qui devait être monumentale, de ce chef-d'œuvre de la grâce hellénique ; il y avait mis son temps, usé ses yeux, dépensé son argent ; outre le texte de l'Anthologie Palatine, dont, à force de sacrifices, il s'était procuré une excellente copie, il devait, dans un supplément, publier cinq ou six cents épigrammes inédites ou dispersées de côté et d'autre. Le tout, accompagné de remarques, de commentaires tels qu'on devait les attendre d'un érudit tel que celui-là, aurait formé neuf volumes grand in-8°. Les savants comptaient sur lui, pleins d'espérance ; Brunck et Jacobs, les plus autorisés, ne décourageaient pas cette attente universelle, vivement excitée. Mais ces projets, si longtemps, si chèrement caressés par le laborieux helléniste, devaient, à son grand désespoir, rester en chemin. Chardon de la Rochette était vieux et pauvre; et la pauvreté l'obligea à vendre, pour un prix dérisoire, son manuscrit même et les notes sans nombre qu'il avait amassées pendant de longues années. Qu'est devenu ce manuscrit? Où ont passé ces notes? On ne le sait pas, et on aurait su gré à Dübner de nous donner, en tête de l'édition Didot, à laquelle il a présidé, quelques éclaircissements à cet égard. Peut-être après tout ignorait-il lui-même ce que nous aurions si vivement désiré savoir.

Tout ce qui reste des travaux de Chardon de la Rochette sur le sujet que nous avons à cœur, c'est une Lettre sur les différentes éditions de l'Anthologie, adressée à Mercier Saint-Léger[1], divers articles sur quelques épigrammes, et enfin un très bon article, très développé, sur l'Anthologie de Grotius, publiée par J. de Bosch[2].

L'Anthologie était familière à nos savants de l'Académie des Inscriptions, car nous les voyons assez souvent, dans les Mémoires qui composent le recueil de cette Compagnie, citer avec honneur, ou même expliquer, commenter certaines épigrammes qui se rapportent à des sujets d'érudition choisis par eux; mais de travail d'ensemble, d'édition importante et qui puisse compter, il ne s'en produit point chez nous. Aussi, dès longtemps et jusqu'à notre époque même, y a-t-il eu de ce côté pénurie pour ceux qui ne savent pas chercher et trouver. Des éditions de Henri Estienne, de Wechel, de Jérôme de Bosch, de Frédéric Jacobs, cela ne court pas les rues et ne se procure pas faci-

---

[1] *Mélanges de critique et de philologie*, t. 1er.

[2] Même volume.

lement. Boissonade, je m'en suis toujours étonné, n'a pas fait entrer l'Anthologie dans son *Sylloge* des Poètes Grecs, petites éditions charmantes et si commodes ; l'Anthologie, il semblait pourtant que ce fût son bien et sa proie.

De nos jours enfin, il a été pourvu aux besoins de ce public qui, sans appartenir à la classe des savants, se sépare de la foule des ignorants. La maison Didot a fait entrer l'Anthologie dans sa grande collection Grecque-Latine qui nous a rendu avec Homère, Hésiode et Théocrite, Aristotophane, Eschyle, Sophocle et Euripide, des poètes moins répandus, Apollonius de Rhodes, les *Dionysiaques* de Nonnos, les Fragments des Poètes comiques. Je laisse de côté les prosateurs, un bon Thucydide, un Xénophon suffisant, un Platon et un Aristote, un excellent Lucien, et tant d'autres. Je ne m'occupe que de l'Anthologie. Nous l'avons ici, excellemment éditée, un texte aussi bon que possible (il a été soigné par Dübner), une traduction latine en prose qui est d'un assez bon secours pour l'intelligence du grec, et, au bas des pages, un choix intelligemment fait des traductions de Grotius[1] ; à la suite de chaque chapitre enfin, les lemmes de Jacobs et d'autres; avec cela, on est suffisamment muni, et l'on peut, sans trop de souci des anciennes éditions, difficilement abordables, se mettre à l'étude de l'Anthologie. André Chénier n'en avait pas tant à sa disposition. Récemment encore (il y a déjà quelques années), la maison Didot a donné un Supplément, un volume considérable qui contient un très grand nombre d'épigrammes empruntées aux marbres, aux recueils d'inscriptions, aux trouvailles faites de divers côtés par les érudits. Il ne resterait plus, je ne dirai pas comme complément de

---

[1] J'aurais voulu peut-être que l'éditeur ne se bornât pas absolument à Grotius; pourquoi ne pas puiser quelquefois dans Eilhard Lubin, dans Megiserus, ailleurs encore? J'avoue que c'eût été un grand travail ajouté à un travail déjà immense.

l'œuvre, qui en effet est complète, mais comme appui collatéral, à donner que le volume qui doit contenir l'Anthologie lyrique, c'est-à-dire les poèmes ou les fragments lyriques qui nous restent de la Grèce ancienne. M. Ambroise Firmin-Didot, le traducteur estimé de Théocrite et de Thucydide, promettait ce volume si désirable : M. Didot est mort depuis quelques années déjà; il est grandement à souhaiter que le projet d'une Anthologie lyrique lui survive et puisse se réaliser à un jour prochain.

II

Jusqu'ici, j'ai plutôt considéré l'Anthologie par le dehors; il est temps de pénétrer dans le monument même et de le considérer dans sa constitution, dans sa vie propre, dans sa beauté et dans sa grâce.

Qu'est-ce donc au fait que l'Anthologie?

C'est un recueil de pièces généralement très courtes, embrassant dans leur presque infinie variété l'expression de tous les sentiments humains, l'amour, le deuil, l'admiration esthétique des belles choses, le sentiment religieux qui se traduit par des invocations, par des offrandes et des hommages aux dieux, l'adoration de la nature déjà, mais plus contenue que chez nous et se traduisant par des traits sobres plutôt que par des descriptions complaisamment étendues, le souvenir des morts inspirant de gracieuses épitaphes, la joie des festins, la liberté du vin, la raillerie qui s'adresse au ridicule et au vice. On trouve même, et très marqué parfois, chez ces poètes, ce sentiment que nous sommes trop portés à croire exclusivement moderne, le sentiment de la fuite, de la fluidité des choses : Crinagoras, Léonidas de Tarente l'ont parfois exprimé avec éloquence, avec mélancolie, avec bien de la douceur, presque comme pourrait le faire un Robert Browning, un Dante Gabriel Rossetti, une Mary Robinson. Toute la gamme enfin est chez ces petits poètes qui nous ont donné une poésie aux contours si nets, aux arêtes si vives, si fermes. Les mollesses de l'Ionie, les âpretés doriennes, les élégances attiques, les mignardises alexandrines, tout se trouve, tout s'anime, tout vit dans l'Anthologie.

Nous trouvons dans le *Guardian* un charmant essai sur l'épigramme : ces pages sont de la plume de Richard Steele et épuisent le sujet [1] : « Ces petites productions, dit l'ami d'Addison, ne demandent pas une très grande élévation de pensée, une mesure extraordinaire de talent, une science bien étendue ; mais elles exigent une très grande régularité, une extrême délicatesse, une parfaite pureté de style, une harmonie métrique aisée et coulante, un tour d'esprit élégant et dénué d'affectation, un sujet simple dans des limites bien déterminées. Les grands ouvrages ne peuvent être sans quelques inégalités et négligences qui, là, sont pardonnables ; mais un chant de petites proportions (le mot *song* dit tout cela en une seule syllabe) perd tout son lustre, s'il n'est pas poli avec le plus grand soin. La plus petite tache dans ces petits ouvrages, comme un défaut dans un bijou, en détruit toute la valeur. Un chant est pour ainsi dire un petit émail qui exige les touches les plus minutieuses, un brillant, un poli avec les nuances délicates qui donnent le fini de la perfection, nuances qui ne seraient pas de mise en des figures plus grandes où la force et la hardiesse d'une main maîtresse sont nécessaires avant tout, et donnent toute sa grâce à l'œuvre. »

A ces poètes anthologiques s'appliquerait également fort bien, du moins en grande partie, ce que d'Israéli a dit très joliment des vers de société : « Il ne faut pas croire, parce que ces compositions sont courtes, qu'elles soient plus faciles

---

[1] C'est le XVIe *Guardian*.

à produire. Nous ne devons pas considérer le talent d'un poète comme moindre, parce que ses productions sont de peu d'étendue, et nous ne devons pas les traiter, comme on l'a fait pour le sonnet, de bagatelles difficiles. Un cercle peut être très petit, être aussi mathématiquement beau et parfait qu'un grand. A de telles compositions peut s'appliquer l'observation d'un ancien critique que, bien qu'un petit détail donne la perfection, la perfection n'est pas pour cela une petite chose. Le poète, pour réussir à ces hasardeuses petites pièces, doit être poli par le commerce du monde aussi bien que par l'étude des choses du goût et de l'élégance; à celui-là, le travail est négligence; le raffinement, science; l'art se confond avec la nature. Le génie ne suffit pas toujours pour donner cette grâce d'aménité qui semble réservée aux personnes habituées à la société élégante. De telles productions sont les effusions du goût, plutôt que du talent; et, pour qu'il y réussisse, il ne suffit pas que le poète soit inspiré par la Muse, il faut encore que sa page concise ait été polie et caressée par la main des Grâces. »

Richard Steele, d'Israéli, le poète Gray, l'auteur de l'élégie sur un *Cimetière de Campagne,* Samuel Johnson, Thomas Warton, ont apprécié l'Anthologie à sa juste valeur; par contre, le hautain Chesterfield, celui qui repoussait dédaigneusement Chatterton, a condamné, écrasé sous le poids de son mépris ce qu'ont adoré tous les hommes de goût : l'Anthologie a été l'objet de son dédain. Cela est dans l'ordre; l'homme des élégances apprêtées, des conseils superficiels adressés avec importance à Philippe Stanhope, ne devait pas être attiré par les élégances de l'art, si savantes dans leur brièveté, dans leur grâce de camées.

Ce qui aurait lieu d'étonner davantage, c'est que Longfellow, dans son « Journal » (*Diary*), s'exprime, à propos de l'Anthologie, avec une médiocre sympathie. Cela, cependant, ne doit nous surprendre que jusqu'à un certain point. Longfellow, dont la manière est un peu lâche (soit dit en toute révérence pour l'auteur d'*Evangeline* et d'*Excelsior*), ne devait pas être très sensible à la perfection de la forme qui caractérise les poètes dont nous nous occupons : « L'Anthologie, dit-il, avec ses guirlandes fanées, ses lampes amoureuses qui vacillent avant de s'éteindre, est un des livres les plus tristes qu'il y ait. »

L'Anthologie en Amérique, comme elle serait dépaysée.

A la boutade de Longfellow, un critique anglais répond fort bien [1] : « C'est aussi un des livres les plus humains. Il exprime si vivement, si pathétiquement cet universel attachement à la vie, à l'amour, aux commerces d'âme humaine à âme humaine, aux bonheurs des affections mutuelles, à la délicieuse lumière du soleil; il montre, comme à travers une ombre légère, avec un pathétique tranquille, sans larmes, le ténébreux et inévitable sentier que tous doivent fouler. Vous avez beau fermer les yeux, vous ne pouvez l'éviter. Dans l'Anthologie, comme dans la vie elle-même, la plaisanterie et le sérieux, la joie et le chagrin se rencontrent dans une étonnante diversité; et à travers tout cela, à travers le désert pâle, à travers les roses, s'avance la Mort, éternelle et implacable. »

Ils sont partis, eux aussi, ces poètes anthologiques, ces Ioniens au parler alangui, ces Doriens sévères de langage, ces Sidoniens amis de la volupté, ces Alexandrins si merveilleusement artistes; ils sont partis, mais leurs voix nous viennent encore à travers l'abîme des barbaries et des civilisations; les roses de Méléagre fleurissent aussi adorables que quand il les cueillait sous le ciel tyrien; comme dans le jardin d'Alcinoüs, les fleurs se mêlent aux fruits toute l'année, et c'est pour nous que se fait la délicieuse récolte, non plus versée à pleins paniers, comme au temps des Ptolémées, mais réduite en gouttes d'essence précieuse.

---

[1] Graham Tomson, Anth., *Introductory-Note*, p. XXXIX-XL.

III

Pour être un peu complet — je ne me flatte pas de l'être tout à fait, c'est d'ailleurs bien impossible, — il me resterait à indiquer les principales imitations et traductions qui ont été faites de l'Anthologie. Je mets à part, tout d'abord, comme une œuvre complète et de première importance, la grande traduction en élégants vers latins de Hugo Grotius : ils sont si bien faits, parfois même si jolis, ces vers du Hollandais qui y a travaillé toute sa vie, — dans les intervalles des affaires et des ouvrages religieux ou politiques, — ils sentent si peu le Batave, qu'on les lit avec plaisir, sans détourner l'œil des camées grecs auxquels ils font face. Je mets à part également la traduction de l'Anthologie Palatine, faite il y a déjà plus d'un quart de siècle, en deux volumes, par l'helléniste Dehèque, beau-père de cet autre helléniste et professeur, Emile Egger : celle-ci n'est pas une œuvre d'art, mais c'est une œuvre utile, et on aurait grand tort de ne pas lui accorder une estime reconnaissante.

Parmi les éditions où, avec le texte des épigrammes, on trouve des traductions latines, on peut citer un volume in-8°, d'Eilhard Lubin, contenant le premier livre de l'Anthologie, Rostock, 1600. De ce livre, rapprochons l'ouvrage de Jérôme Megiser, composé de deux volumes, sous ce titre : *Omnium Horarum Obsonia,* et qui contient un grand nombre d'épigrammes grecques, la même épigramme souvent traduite de diverses façons par divers auteurs, ce qui permet des comparaisons intéressantes.

Andreas Rivinus avait entrepris de donner de l'Anthologie une édition où, à la suite de chaque épigramme, viendraient se ranger les versions métriques données en divers temps par les savants qui s'étaient appliqués, soit avec suite, soit par jeu et à titre de distraction, à ce genre de travail (Rivinus en énumère 330 de toutes les nations, et l'énumération n'est probablement pas complète). Ce collecteur très diligent se proposait de diviser l'ouvrage en chiliades : la première chiliade parut à Gotha, en 1651, in-8°. Les deux autres, qui n'ont jamais vu le jour, sont conservées en manuscrit dans la bibliothèque de Leipzig.

Signalons aussi l'énorme volume de Faustus Sabœus : *Epigrammatum Fausti Brixiani, custodis Bibliothecæ Vaticani Libri quinque, ad Henricum Regem Galliæ, Romæ, apud Valerium et Aloïsium Doricos Fratres, Brixienses,* M.D.LVI, un in-8° de 872 pages. Il y a, dans ce volumineux recueil, peu de pages qui ne donnent des traductions ou imitations de poètes grecs. Ausone, avant tous, avait traduit en vers latins élégants et encore inspirés du goût antique, quelques épigrammes de l'Anthologie, — un trop petit nombre. Ausone, un des anciens parmi ceux qui approchent des âges modernes; Ausone, un des nôtres, ornement de la savante Gaule romaine, le gracieux *Burdigalensis,* avait entre tous qualité pour traduire l'Anthologie. Quelque confiance que j'aie dans le Hollandais Grotius, je ne puis m'empêcher de penser que le poète de Burdigala, l'auteur de la *Moselle,* était mieux fait encore pour réussir dans ce travail délicat.

Thomas Morus, l'illustre chancelier d'Angleterre, l'auteur célèbre de l'*Utopie,* qui a illustré les échafauds de Henri VIII, a traduit en vers latins plusieurs épigrammes de l'Anthologie, in-8°, 1563. Philippe d'Orville en a mis également en vers latins un certain nombre : on les trouvera dans ses *Poemata,* p. 142-46.

Mais à quoi bon énumérer ces traductions et traducteurs latins? Ce serait à l'infini, et, après tout, sans grand intérêt.

Il serait plus intéressant de signaler les traductions en langues étrangères modernes. Il y a, en effet, des traductions de l'Anthologie et des travaux relatifs à l'Anthologie dans presque tous les pays de l'Europe : en Allemagne, en Italie, en Angleterre, en Suède.

J'ai indiqué les travaux de Frédéric Jacobs sur l'Anthologie, j'ai noté ses traductions allemandes publiées d'abord sous le nom de *Tempé*, et qui ont été reproduites plus tard dans ses Œuvres mêlées. Les Italiens se sont beaucoup occupés et inspirés de l'Anthologie. Les Anglais aussi l'ont beaucoup traduite. Sans remonter jusqu'à Ben Jonson qui, outre quelques épigrammes empruntées à Planude, a composé cette pièce délicieusement anthologique : *Drink to me only with thine eyes*[1], sans remonter à Prior, qui a mis en langue anglaise quelques épigrammes et s'est approprié dans quelques pièces qui sont bien à lui le plus pur charme d'Anacréon et de la Grèce antique, nous trouvons, au commencement de ce siècle, la traduction de bon nombre d'épigrammes par Robert Bland (1806, un volume in-8°). Merivale, reprenant ce livre, y a ajouté de nouvelles épigrammes en 1813 (Murray, in-8°, 580 pages). Robert Bland remarquait très bien que l'Anthologie est une mine inépuisable pour les traducteurs ; et, en effet, un grand nombre de poètes se sont appliqués à cet attrayant travail, comme on peut le voir par le volume considérable publié dans la collection Bohn, et par le petit volume tout récent donné par M. Graham Tomson, chez le libraire Walter-Scott. Plus anciennement, un maître ès-arts, John Edwards, avait fait un *Delectus* anglais (1825, un vol. in-8°) qui me paraît avoir été destiné principalement aux grandes écoles d'Eton et de Westminster, car son auteur s'est surtout attaché aux épigrammes morales, tombales, historiques et descriptives, en écartant avec soin les épigrammes amoureuses.

Le major Macgregor a publié (London, Nissen and Parker, N. D.) un volume contenant spécialement la tra-

---

[1] Elle est empruntée à Philostrate, XXIV° lettre.

duction des Epitaphes. Ce même savant officier a donné au public anglais des spécimens de l'Anthologie; c'est ce que j'apprends par une lettre autographe du major, datée de 1857, — je n'ai pas pu jusqu'ici me procurer l'ouvrage indiqué par cette lettre.

Un autre volume, plus intéressant encore que les précédents, et qui d'ailleurs l'emporte de beaucoup par la beauté typographique, c'est l'Anthologie Polyglotte[1], publiée à Londres par John Murray, en un volume petit in-folio.

L'éditeur de ce beau volume dit modestement dans sa Préface : « Pour l'ami des études grecques, l'usage principal de ce livre sera de lui remettre en mémoire bien des pièces favorites de son jeune âge, peut-être aussi de lui en faire connaître de nouvelles. Le lecteur homme du monde y pourra voir la preuve qu'à toute période de son histoire la littérature de l'Europe a dû infiniment à la langue grecque, cette langue qui (ici l'auteur de la Préface emprunte un passage du *Lexicon*, de Liddell et Scott) a toujours été regardée comme un des principaux instruments pour l'éducation des jeunes esprits. Cette langue, organe de la Poésie et de l'Eloquence, est pleine de force vive et de feu, abondante en grâce et douceur, riche à déborder, et, en même temps, elle est pour la Philosophie un modèle de clarté et de précision. Dans cette langue sont serties quelques-unes des plus nobles œuvres du génie humain, œuvres qu'on peut apercevoir faiblement réfléchies dans des traductions et des imitations, mais dont nul ne peut connaître la parfaite beauté, s'il n'a sous les yeux les originaux mêmes, en même temps que l'interprétation moderne. »

Et, en effet, le texte est partout joint aux traductions,

---

[1] Anthologia Polyglotta, a selection of versions in various languages, chiefly from the Greek Anthology, by Henry Wellesley, D. D. Principal of New Hall, Oxford. London; J. Murray, Oxford, Parker, 1849.

dans ce livre excellent. Qui ne serait heureux de retrouver ici groupées les traductions en latin : d'Ausone, de Pontanus, de Politien, d'Averardus, de Grotius, de Joseph Scaliger, de Pierius Valerianus, de Samuel Johnson, de Thomas Gray; en espagnol : de Conde; en allemand : de Herder, de Jacobs, de Voss, de Lessing, de Stolberg, de Schlegel ; en italien : de Ugo Foscolo, d'Alamanni, de Mortara, de Felici ; en anglais : de Shakespeare, de Bacon, de Dryden, de Swift — oui, de Swift, — de Prior, de Cowper, de Thomas Moore, de Shelley, de Merivale, de Bland, de Sterling ; en français : de Jean Doublet, de Tamisier, de Ronsard, de Baïf, de Jan Martin, de Maultrot, de Vauquelin de la Fresnaye, de Claude Perrault, de La Monnoye, de la marquise de Simiane, et de bien d'autres encore dont l'énumération serait trop longue? N'eût-on que ce livre dans la solitude, cette *Anthologia Polyglotta,* ce serait un trésor inappréciable.

Nous avons aussi (on l'a vu par quelques noms cités à l'occasion de cette Anthologie Polyglotte), nous avons aussi dans notre langue quelques essais en ce genre. Je ne parle plus de Florent Chrestien qui a fait, pour les traduire en vers latins, un choix d'épigrammes grecques (Lutetiæ, ex Typographia Roberti Stephani, 1610, un volume in-8°).

Mais voici « l'Anthologie ou recueil des plus beaux épigrammes grecs, pris et choisis de l'Anthologie grecque, sur la version latine de plusieurs doctes personnages, par Pierre Tamisier. A Lyon, par Jean Pellehotté, 1589. » De ce livre on extrairait sans trop de peine quelques épigrammes d'où ne serait point absente la grâce du xvi° siècle qui les a vues naître. Le voisinage de Ronsard et de Remi Belleau leur a porté bonheur. Mais le volume, à vrai dire, nous intéresserait davantage sans cette indication : « Mis en vers français sur la version latine » ; j'aimerais mieux que Pierre Tamisier eût eu directement commerce avec le grec.

Ils étaient meilleurs hellénistes, La Monnoye et le président Bouhier. Ceux-là n'allaient pas chercher, pour les retraduire, des versions latines; le texte grec leur était familier; ils en faisaient leurs délices, et ils n'épargnaient ni peines ni dépenses pour se procurer de bonnes copies. S'ils étaient une fois arrivés à réaliser leur désir, à posséder la copie si fort enviée, ce n'était pas pour la tenir sous clé : ils la lisaient, ils l'étudiaient, ils la traduisaient à l'occasion pour eux-mêmes et en choisissant ce qui leur agréait le plus dans l'immense collection. Et, chose singulière, ce n'est pas d'habitude aux épigrammes d'un beau sens moral, aux pièces tendres et amènes qu'ils s'adressaient : La Monnoye, le président Bouhier, tous deux hommes d'une vie intègre, irréprochables pour les mœurs, s'étaient amusés à traduire en latin un certain nombre d'épigrammes, et non les moins obscènes, ainsi que nous l'apprend Brunck dans la préface des *Analecta*.

La Fontaine, dans ses Fables, dans ses poésies diverses, a des passages incomparables, qui ne peuvent être rapprochés que des plus parfaits chefs-d'œuvre de l'Anthologie. Malherbe en a aussi quelques-uns, inspirés, ce semble, de la même inspiration :

> Tout le plaisir des jours est dans leurs matinées,
> La nuit est déjà proche à qui passe midi.

Mais c'est surtout chez les poètes du xvi° siècle, comme je l'ai dit antérieurement, qu'il faut chercher ces délicieuses imitations et inspirations. Je n'y reviendrai pas, quoique la mine fût bonne et difficile à épuiser. Je me reprocherais pourtant de ne pas citer ici, puisque l'occasion s'en présente, l'épigramme d'un poète légiste peu connu, Étienne Forcadel, dont le nom doit rester cher à ceux qui ont mis dans leur mémoire et se répètent tout bas les quatre délicieux vers :

> Ondes, souffrez, disait l'amant Léandre,
> Que vers Héro j'aborde sûrement,
> Et si je puis entre ses bras me rendre,
> Au revenir noyez-moi seulement.

Voltaire, sans le dire, s'est, je crois, souvenu de l'avocat du xvi° siècle quand il a dit, avec quelle grâce qui n'est qu'à lui :

> Léandre, conduit par l'amour,
> En nageant disait aux orages :
> Laissez-moi gagner les rivages,
> Ne me noyez qu'à mon retour.

La Harpe a touché aussi ce joli sujet dans l'*Envoi* d'une romance de *Héro et Léandre :*

> ... Si pour vous par imprudence,
> J'affrontais l'humide séjour,
> Je voudrais du moins l'assurance
> De n'être noyé qu'au retour.

Voyez-vous le rimailleur? Est-ce assez plat cette « imprudence », cette « assurance » ? Voltaire a des ailes, La Harpe se traîne, j'ai presque dit *patauge*.

Ah! si Voltaire, au lieu de rimer des *Guèbres*, des *Adélaïde du Guesclin*, j'aurais bien envie d'ajouter des *Mahomet* et des *Tancrède*, des *Nanine* et des *Dépositaire*, nous avait traduit les plus belles épigrammes de l'Anthologie ! Ce serait délicieux, et ce n'est qu'ennuyeux.

Et Bertaut, lui aussi, ne s'inspire-t-il pas de l'Anthologie quand il dit, baissant le ton, avec quelle grâce :

> Quand je revis ce que j'ai tant aimé,
> Peu s'en fallut que mon feu rallumé
> N'en fît l'amour en mon âme renaître,
> Et que mon cœur, autrefois son captif,
> Ne ressemblât l'esclave fugitif
> A qui le sort fait rencontrer son maître.

Fontenelle, lui-même, si peu poète, a pourtant eu une

bien heureuse rencontre le jour où il a traduit une belle épigramme de Platon (*Dialogue de Platon et de Marguerite d'Écosse*) :

> Lorsqu'Agathis par un baiser de flamme
> Consent à me payer des maux que j'ai soufferts,
> Sur mes lèvres soudain je sens venir mon âme
> Qui veut passer sur celle d'Agathis.

Clément Marot, avant tous, avait fait passer en notre langue, dans cent de ses épigrammes, toute la délicatesse, sinon tout le sens de telles pièces de l'Anthologie, sans qu'on en puisse citer une en particulier comme traduction exacte et littérale.

Marot est dans toutes les mains, dans toutes les bibliothèques. Je ne citerai rien de lui; mais pourquoi ne mettrais-je pas ici quelques épigrammes de poètes qui ne courent pas les rues? En voici une d'Étienne Tabourot, sieur des Accords :

> Les beaux poissons de Phidie (Phidias)
> Ne sont taillés au ciseau :
> Prends-les et les mets dans l'eau
> Tu verras qu'ils sont en vie.

Autre du même Tabourot :

> Myron en ta coupe a fait
> Un serpent si bien pourtraict,
> Qu'il semble, y buvant du vin,
> Qu'on y boive du venin.

De Béroalde de Verville nous avons cette jolie épigramme :

> J'estois en pauvreté extrême
> Alors qu'au monde je naquis;
> En mourant, si je suis de même,
> Je n'auray perdu ni acquis.

En voici une de Clovis Hesteau, écrite dans un sentiment analogue à celui de la précédente :

> Je voudrois de Crésus posséder les trésors,
> Je voudrois être roi de la puissante Asie ;
> Mais quand je vois bastir le sépulchre des morts,
> Je quitte ces grandeurs pour une douce vie.

Voici encore une jolie épigramme de Claude de Trillon :

> Vénus fond tout en pleurs, cherchant Amour perdu :
> L'Envie a dit soudain qu'elle avoit entendu
> Qu'une plus belle dame ici-bas le transporte,
> Le recèle en ses yeux, ne voulant qu'il en sorte.
> Vénus jure par Styx, le fleuve redouté,
> Qu'elle fera mourir la plus grande beauté :
> Sauvez-vous donc, Françoise — hélas ! vous estes morte !

La Monnoye, que je citais tout à l'heure, a imité, et fort bien, ma foi, l'épigramme sur Laïs et son miroir ; mais il n'a pas été à la source, à l'Anthologie même ; il s'est tenu à Ausone ; l'épigramme française est de seconde main :

> Contrainte par les ans qui rident mon visage,
> Je t'offre ce miroir, ô mère des Amours !
> Il sied bien à Vénus de se mirer toujours ;
> Mais une glace, hélas ! n'est plus à mon usage :
> Y voir ce que je fus, y voir ce que je suis,
> L'un, je ne le veux pas, l'autre je ne le puis.

Voltaire, ici encore pourtant, garde sa supériorité charmante ; je ne le cite pas.

Du docte Charpentier nous avons une épigramme fort maligne, assez bien tournée ; c'est l'épitaphe d'un mari faite par sa femme :

> Reçois de moi, chère moitié,
> Pour gage de mon amitié,
> Ce tombeau qu'aucun ne t'envie ;
> Je dois bien justement te rendre cet honneur,
> Car le dernier jour de ta vie
> Fut le premier de mon bonheur.

La Mesnardière, dans le volume de ses poésies, a traduit un assez grand nombre d'épigrammes de l'Anthologie (un volume in-f°). Ces traductions sont sans grande valeur.

L'abbé Sablier, dans ses *Variétés sérieuses et amusantes* (4 volumes in-12), a traduit 159 épigrammes de l'Anthologie ; l'art n'y est pas très poussé ; il serait pourtant facile de détacher quelques épigrammes traitées non sans talent. Voici la plus belle de toutes à mon avis (t. III, p. 192) ; c'est l'épigramme d'Adrien à Hector.

De l'Empereur Adrien à Hector.

C'est Adrien qui te salue,
Fils de Priam, lève-toi, sors
De l'abîme profond qui nous cache les morts.
Ilion n'est point abattue ;
Une nouvelle Troie a vengé tes malheurs,
Ses enfants sont partout vainqueurs.
Ta vertu les soutient, même feu les dévore.
Console-toi, fais plus encore :
Va trouver de Thétis le fils impétueux :
De ses fiers Myrmidons la race est avilie;
Dis-lui qu'ils ne sont plus, et que la Thessalie
Est sous le joug de tes neveux.

Bien inférieur est l'avocat Cocquard ; laissons ses plates traductions dormir dans les deux petits volumes de ses insignifiantes poésies.

Mais on glanerait dans nos *Poetæ minores* du XVIII° siècle, dans l'Almanach des Muses, bien des traductions ou imitations agréables de l'Anthologie. J'en ai recueilli beaucoup dans les soixante et quelques volumes de cet Almanach des Muses; mais je n'en veux rien citer : pourquoi deux ou trois plutôt que dix, que vingt, que cent ? Pourquoi Millevoye ou Fontanes plutôt que Dorat, Boufflers, Poinsinet de Sivry, Kérivalant, Breghot du Lut ou tant d'autres ?

J'aime mieux citer de ce Dorat tant décrié (je ne dis pas que ce soit injustement) une délicieuse imitation en prose du poète latin Spagnoli ou le Mantouan (Mantuanus); on la trouve dans le volume des *Baisers :*

Prière au Sommeil.

Je te consacre, ô Morphée, cette coupe du plus ancien Falerne, et cette tige de pavots cueillis sur les rives taciturnes du Léthé; mais daigne à ton tour exaucer la prière d'un amant : Lorsque tes doux prestiges livreront à mes transports ma maîtresse enfin désarmée, Dieu paisible, fais durer ce mensonge, retiens la cruelle dans mes trompeurs embrassements; retarde enfin l'heure de mon réveil : je ne suis point aimé; il détruirait tous mes plaisirs.

Parny, plus poète que Dorat et que tous ceux du XVIIIe siècle, Voltaire excepté, mérite entre tous d'être cité parmi les heureux imitateurs de l'Anthologie. Je me reprocherais de ne pas mentionner ici les *Tableaux imités du grec*[1]. Je citerai les deux plus jolis (le IIIme d'abord) :

> Dryades, pourquoi fuyez-vous ?
> Des bois protectrices fidèles,
> Soyez sans crainte et sans courroux.
> A mes regards vous êtes belles;
> Mais un moment tournez les yeux;
> Je n'ai du satyre odieux
> Ni les traits ni l'audace impie.
> Arrêtez donc, troupe chérie,
> Au nom du plus puissant des dieux.
> De Myrtis la prière est vaine;
> D'un pas rapide vers la plaine
> Les Dryades fuyaient toujours.
> Une seule un moment arrête,
> Fuit encore en tournant la tête
> Et du bois cherche les détours.
> Seize printemps forment son âge;
> Un simple feston de feuillage
> Couronne et retient ses cheveux;
> Des Eurus le souffle amoureux
> Soulève et rejette en arrière
> Sa tunique courte et légère,
> Et déjà Myrtis est heureux.

---

[1] *Les Déguisements de Vénus*, trente petits tableaux, et dix autres petites pièces qui portent simplement ce titre : *Tableaux*.

> Il atteint la nymphe timide
> Sur le bord d'un torrent rapide,
> Au milieu des rochers déserts
> De mousse et d'écume couverts.
> Un espace étroit se présente;
> L'un contre l'autre ils sont pressés,
> Et bientôt l'onde mugissante
> Mouille leurs pieds entrelacés.

A côté de ce tableau, je place le vii°. Ce sont, à mon avis, les plus jolis de cette agréable série. Le viii° encore n'est pas indigne de ces deux-là : des juges sincères pourraient même trouver qu'il y a dans ce huitième plus d'accent et de poésie.

Je reviendrai peut-être un jour avec détail à ce sujet des traducteurs et imitateurs. Je ferai simplement aujourd'hui cette remarque : Sans s'attacher à poursuivre dans des ouvrages plus ou moins connus des traductions ou des imitations directes, déclarées ou déguisées, de l'Anthologie, c'est surtout dans de courtes et passagères inspirations qu'il faut aller chercher ces jolies choses qui sont la grâce même et qui se rapprochent le plus des délicieuses petites pièces de l'Anthologie grecque. A chacun de chercher, suivant son goût et ses affinités, dans les poètes qu'il préfère, ces échos charmants de la Muse hellénique.

Extrait des Mémoires de la Société Académique de l'Aube
Tome LIX — 1895

CPSIA information can be obtained
at www.ICGtesting.com
Printed in the USA
BVHW021249180123
656516BV00004B/101